A
Dark Web
O lado obscuro da Internet
2° Edição

Por
Bolakale Aremu

A Dark Web
O lado obscuro da Internet

Direito autoral © AB Publisher LLC

ISBN: 9798876075673

Publicado nos Estados Unidos

Contrato Legal

O conteúdo deste livro é somente para fins informaões e não se destina a diagnosticar, tratar, curar, ou prevenir qualquer condição ou doença. Você deve concordar que este livro não substitui consultas profissionais. Por favor, consulte com seu

Índice

Como a Internet Mudou Tudo

Tudo foi mudado pela Internet: a forma como trabalhamos, a forma como vivemos e até a forma como interagimos. Todo mundo tem um canto na Internet. Quaisquer que sejam seus interesses ou crenças, aqui tem algo ou alguém que pensa da mesma maneira que você.

A rede mundial de computadores tem nos conectado de maneiras nunca antes imaginadas. É um lugar onde, praticamente qualquer um, de qualquer lugar deste planeta, pode se reunir. A Internet tem tantas coisas que não sabemos que existem.

Se você deseja algo ou alguma coisa - um produto ou serviço, que seja legal ou ilegal, moral ou imoral - a Internet tem isso. Você pode decidir usar isso para o bem ou para o mal.

Níveis da Web

Há vários níveis da Web. Por exemplo, o nível mais baixo (nível 1) é chamado de Surface Web (Web Pública), sendo a parte aberta ao público geral da Internet. O nível superior (nível 5) é conhecido como Dark Web, que não é acessível por navegadores comuns e precisa obter a rede Onion Router (Roteamento Cebola ou Tor) ou outras redes privadas. A tabela a seguir apresenta um breve resumo sobre o nível da Dark Web:

Level 1	Common web
Level 2	Surface Web Reddit Digg Temp email services
Level 3	Bergie Web Google locked results Honey ports Freehive, Bunny Tube, etc.
Level 4	Charter Web Hacking Groups Shelling Networking AI theorist Banned videos, books, etc.
Level 5	Onion sites Human trafficking, bounty hunters, rare animal trade Questionable materials Exploits, black markets, drugs

Para simplificar, você pode dividir a Internet em três categorias diferentes.

A Surface Web

A Surface Web é a primeira categoria. Ela é usada diaria e geralmente no dia a dia: Facebook, Youtube, Twitter ou qualquer outra rede social comum. É uma parte da World Wide Web (Rede Mundial de Computadores). A Surface Web é um local, relativamente, fácil para pesquisar qualquer coisa, porque quase tudo está indexado por mecanismos de busca, como Yahoo e Google.

A cada segundo, mais de mil fotos são postadas pelo Instagram. Oito mil tweets são postados no Twitter e setenta mil pesquisas são feitas pelo Google. Quase cem mil videos são assistidos pelo Youtube. Por isso, mostra-se que a Surface Web é, definitivamente, massiva.

Usando a barra de pesquisa, quase tudo que nós fazemos pode ser encontrado. Por exemplo, você pode procurar pessoas e descobrir algum tipo de informação sobre elas, e até sobre suas vidas. No entanto, o que você não encontra são informações, como seus prontuários médicos e contas bancárias. Esse tipo de informação sigilosa e protegida por senhas, onde somente pessoas de direito podem acessá-la. Isso significa que todos nós já passamos ao lado da Deep Web, não é?

A Deep Web

Na Deep Web, há conteúdos que não são indexados por mecanismos de pesquisa comuns. Sendo a maior parte da Internet acessível aos mecanismos de pesquisa convencionais, a Deep Web é mais profunda. Todo mundo que usa a web visita sites profundos no dia a dia, mesmo sem saber.

Basicamente, se você não encontrar algo pelo Google, então, tenicamente, pode encontrar pela Deep Web. É muito provável que você já tenha se conectado a um e-mail antes. Então, você pode ter navegado pela Deep Web, tenicamente.

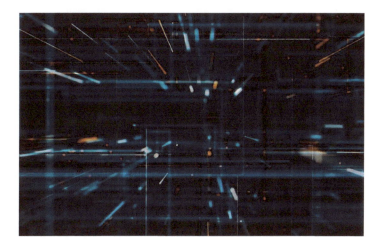

Eu acho que você pode se decepcionar por saber que a Deep Web não é legal como parece. É, praticamente, como a Web Surface, sendo um pouco mais sigilosa. Mas, o que talvez você não perceba é a parte mais massiva da Internet. Eis o porquê:

Noventa e seis porcento de tudo o que existe na Internet fica na Deep Web. Isso significa que, mesmo que você fique on-line diariamente e abrir novos websites para os próximos cinquenta anos, você nem sequer tocaria em um porcento da grande quantidade de informações da Internet. Há muito para você fazer, e a maior parte disso, você não conseguirá acessar.

A Deep Web é a internet anônima, onde é muito difícil para hackers, espiões, ou agências governamentais rastrearem usuários e verificarem quais sites eles estão usando e o que fazem lá.

A Dark Web

E, ainda, mais profundo e mais longe que a Deep Web, no menor pedaço da Internet, está uma parte onde as coisas não escapam.

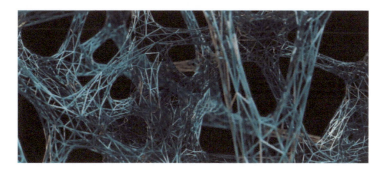

Aqui você encontrará websites que são criptografados, principalmente com o propósito de ocultar sua existência. Existem sites, propositalmente, criados sem endereços de IP para se tornarem ilocalizáveis. Esses sites são apenas acessados por usuários que usam softwares criptografados para mascarar, completamente, suas identidades. Seja bem-vindo à Dark Web! Aqui, há tudo e vale tudo.

Agora que você chegou à Dark Web, você pode querer perguntar como isso funciona? Assim como a Surface Web, que todos usam no dia a dia, a Dark Web contém muitos fóruns, sites e serviços que nós podemos usar, mas ela não é protegida. Tais fóruns, sites e serviços podem estar ocultos na Surface Web para o resto do mundo.

A Dark Web é muito profunda e segura para muitas atividades ilegais. É muito mais profunda do que você possa imaginar. A Dark Web é um lugar onde abusadores, criminosos, drogados, espiões, e até traficante de seres humanos interagem anonimamente. Você poderia acessar à Dark Web em minutos, se você quisesse. Mas, a questão é:Você deveria?

Você deve acessar à Dark Web?

Há alguma chance de algum agente do FBI estar te assistindo, se você estiver navegando pela superfície da Web. Talvez, tudo o que uma pessoa comum fazer, de modo on-line, possa ser rastreado de várias maneiras. Muitos sites rastreiam o que você está olhando ou até procurando, e por sua vez, anunciam serviços ou produtos que se enquadram ao seu perfil.

Isso está longe de ser uma novidade. E-commerce, Google, Facebook, e mais outras redes sociais, são muito culpadas disso. Eles vendem nossos dados para anunciantes ao redor do mundo, porque nós aceitamos isso, em seus termos e condições, que não lemos. Isso não acontece por acidente e também não é uma coincidência.

A Internet nunca foi feita para ser anônima. Há algumas pessoas que veem isso como uma espécie de invasão de privacidade. Mas, há outros que não veem problema nisso. A questão é até que ponto deveríamos deixar isso passar, antes que se torne realmente ruim?

Pode parecer engraçado, mas o governo dos Estados Unidos também pensou isso, há vinte anos atrás. Os governos dos EUA está procurando por um sistema que possa proteger suas comunicações enquanto estiverem on-line. Porque, a Internet não foi projetada para que tudo e todos permaneçam anônimos, de alguma forma, qualquer um poderia interceptar uma transmissão governamental, enquanto ela esteja sendo transmitida, e isso não é aceitável. Contudo, em meados dos anos noventa, alguns pesquisadores do laboratório de pesquisa naval dos EUA começaram a trabalhar em algo.

A Onion Routing

Isso é chamado de Onion Routing.

Onion Routing é usada para proteger quaisquer dados transmitidos, essencialmente, colocados dentro de múltiplas camadas de criptografia, de tal forma que, a camada mais interna tem a mensagem original. Você pode olhar dessa maneira.

Digamos que a mensagem precisa ser enviada do remetente para o destinatário, e que para ela chegar ao seu destino, tem que passar por três pontos médios A, B e C. A mensagem é então encapsulada com segurança em camadas de criptografia.

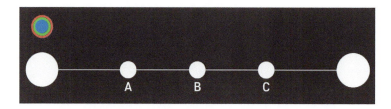

Cada uma dessas camadas apenas conhece a origem da

mensagem e o destino para enviá-la ao próximo. O destinarário não sabe algo além. Portanto, os dados que foram enviados, originalmente, permanecem ocultos.

Em cada ponto médio A, B ou C, uma camada de criptografia é aparecida e novas camadas de informação mostra para onde vai a próxima mensagem.

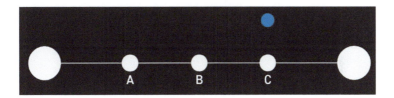

Depois de a mensagem ter percorrido por todos os pontos médios, a camada final é mostrada e a mensagem final é revelada.

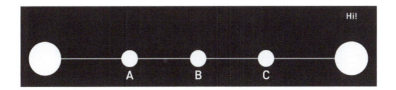

Esse tipo de criptografia é usado para enviar dados de e para onde vários locais, sem que sejam vulneráveis a qualquer interceptação entre si. Em outras palavras, não é possível mais ver isso. Somente quem poderia ver.

As Darknets & a Tor Network

Darknet (ou Dark Net) é sinônimo da Dark Web. É um conjunto de redes e tecnologias usadas para compartilhamento de conteúdo digital. A Darknet está oculta para usuários que navegam por navegadores comuns ou padronizados. Ela também oculta endereços de sites e servidores locais. A tabela a seguir mostra a diferença entre Surface Web, Deep Web, Dark Web e Darknet.

	Surface Web	Deep Web	Dark Web	Dark Net
Description	Content that search engine can find	Content that search engine cannot find	Content that is hidden intentionally	–
Known as	Visible web, indexed web, indexable web, lightnet	Invisible web, hidden web, deep net	–	Underbelly of internet
Constitutes	Web	Web	Web	Network
Contents	Legal	Legal+illegal	Illegal	Illegal
Information Found	4%	96%	–	–
Browser	Google Chrome, Mozilla Firefox, Opera, etc.	–	Tor Browser	Freenet, Tor, GNUnet, I2P, OneSwarm, RetroShare

Tanto as Darknets, como o TOR (The Onion Router - Roteadores em Cebola), fundamentam-se no Onion Routing. As Darknets operam ao lado de outras redes na Internet, mas exigem determinados softwares para serem acessados.

Tor é um acrônimo para The Onion Router. É um software que leva o nome da tecnologia que é usada para criá-lo. Parece-se muito com qualquer outro navegador comum. No entanto, por meio do Tor e outroas similares Darknets, você pode acessar sites que são, geralmente,

disponibilizados ao público geral.

Tor é uma chave facilitadora ao acesso anônimo na comunicação. Origialmente, o software Tor foi lançado, em 2002, por um rigoroso desenvolvimento de anos. O software é baseado no Mozila Firefox e tem imitado a interface de usuário do Mozila desde então. Tem ganhado popularidade com o surgimeento das lojas darknets, que ganharam fama, devido à natureza das atividades ilegais, como venda de drogas.

Tor é capaz de direcionar o tráfego de uma rede específica e administrada por voluntários. O tráfego que flui através do Tor passa por 7.000 (camadas de criptografia), que ocultam, efetivamente, o local de destino. Por isso, é difícil para os usuários dessa rede para serem identificados individualmente pela análise de tráfego, uma vez que a cadeia é muito longa.

Usuários ativos do Tor visitam, fazem postagem, enviam e recebem mensagens, sem serem rastreados. Isso faz do Tor um refúgio seguro para pessoas poderem se esconder.

Há também muitos usuários de Tor que o utilizam para propósitos legítimos para os quais ele foi criado. Neste capíitulo, farei uma discussão aprofundada sobre o Tor.

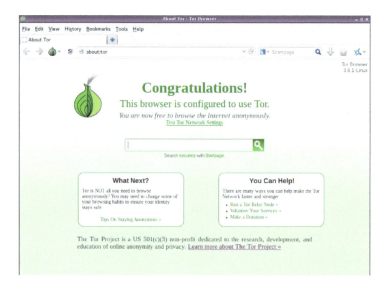

Os requisitos e ferramentas que você precisa para acessar a Dark Web são suficientes para atrair diferentes tipos de pessoa de todo o mundo. Os links das páginas não se parecem com Youtube.com, nem com outras páginas familiares.

Em vez disso, parecem-se com algumas sequências aleatórias de caracteres. Não terminam em "ponto com" ou outra terminação familiarizada. Mas, sim, terminam em "ponto nion". Você não pode acessar esses websites com algum navegador tradicional, como o Google Chrome ou Mozilla Firefox. Nunca vai funcionar. Mas, se usar Tor, pode funcionar.

A principal intenção do Tor network é proteger a privacidade do usuário. Tor surgiu como uma solução bem-vinda para aqueles que tinham preocupações com suas privacidades, de que suas atividades na Internet fossem monitoradas. O Tor foi pensado para estabelecer liberdade na Internet.

Embora tenha estabelecido sucesso nessa liberdade, esta conquista não veio sem algumas desvantagens importantes. Criou espaço para que males fossem cometidos sob o véu do anonimato. Tor também tem algumas limitações. A rede pode ocultarr rastros de atividades de usuário. No entanto, seu sistema exclusivo de retransmissão de tráfego torna fácil para que os serviços on-line determinarem que um usuário está acessando-os a partir do Tor. Existem alguns sites que possuem restrições de acesso via Tor.

Desenvolvedores de Tor não se concentram na implementação de recursos no software para evitar que sites determinem quando foram acessados via Tor.

O mecanismo de roteamento do Tor é complexo. Implementa criptografia na camada de aplicação do modelo OSI (Open Systems Interconnection - Interconexão de sistemas abertos). Os dados criptografados incluem o endereço de IP do dispositivo ao qual os pacotes estão destinados. Esses dados, que é o essencial para o fluxo de tráfego, é criptografado várias vezes e então enviado através de um circuito virtual. O circuito é composto por várias camadas do Tor que são colocadas em sucessão.

Quando a retransmissão recebe tráfego, ela descriptografará uma camada apenas para descobrir a próxima retransmissão, a fim de que possa passar os dados criptografados. Quando os dados chegam ao último relé, que pode ser o sétimo milésimo, os dados são descriptografados e enviados para o endereço de IP do destino, sem mostrar o endereço de IP de origem.

Resumidamente, para cada pacote de dados, Tor vai expor parte do cabeçalho que contém informações sobre a fonte. Esse pacote é então criptografado e inserido à rede de sobreposição. Em seguida, o pacote é movido pelos servidores Tor, comumente conhecidos como relés, até chegar ao seu destino. O destinatário não conhece a origem do pacote; portanto, se interceptado, nenhuma informação significativa sobre o caminho usado será descoberta.

Essa é a Dark Web para você, ou pelo menos, nosso primeiro passo nela.

O Hidden Wiki

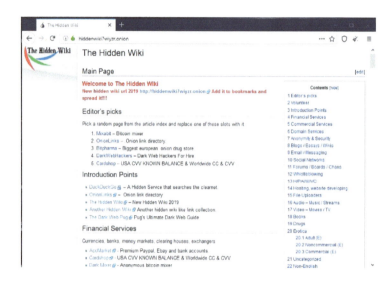

Isso é o Hidden Wiki. Ele contém centenas de vários serviços ocultos disponíveis na Dark Web. É fácil encontrar passaportes e carteiras de motorista falsos nos EUA. Você pode encontrar drogas e armas ilegais. Tem de tudo aqui.

E você mal está arranhando a superfície. Bem na parte

superficial, há populares marketplaces na Dark Web. Aqui você pode obter coisas difíceis de comprar em outros lugares, como lançadores de foguetes.

Que fique claro, eu sou, fortemente, contra fazer esse tipo de coisa. Entretanto, supondo que você queira comprar coisas de sites na Dark Web, aqui está como você faria isso.

As formas tradicionais de pagamento na Dark Web não fazem sentido. Refiro-me aos cartões de crédito, que podem ser facilmente rastreados, removendo, assim, o anonimato das coisas, o que pode te colocar na prisão. Por isso, a moeda virtual torna-se essencial. É aqui que entra o Bitcon.

Por causa da natureza quase anônima do Bitcoin, tem sido usado juntamente a outras criptomoedas, como um pivô para administrar qualquer mercado anônimo. Para ter sua moeda anônima, basta criar uma carteira de Bitcoin. Assim, troque parte do seu dinheiro por Bitcoins. Dessa forma, você pode fazer quase tudo o que quiser com eles.

Uma das primeiras coisas que vem à mente de alguém vindo da Dark Web é o grande número de sites que vendem drogas ilegais e outros itens similares. Sim, isso é real.

O Silk Road

Por exemplo, há um mercado Darknet conhecido como Silk Road aberto para negócios. Assim, tornou-se quase sinônimo de Dark Web. Você poderia comprar muitas drogas ilegais lá, se quisesse. Muitos vendedores de todos os cantos do mundo vendem coisas, como maconha, cocaína, LSD e DMT. Se você não quiser comprar drogas, você pode comprar outras coisas, como dinheiro falsificado, armas, algumas roupas e livros também.

Infelizmente, depois de alguns anos, surgiram operações contra o site Silk Road, sendo punido pelo FBI. Foi removido em outubro de 2013.

Mas, ao longo do tempo, de 2011 a 2013, o Silk Road fez mais de 9.5 miilhões de receita em Bitcoin.

Agora, vamos desviar disso um pouco. Se você vendessee esse Bitcoin, quando estava com preço elevado, em 2017, ou seja, aproximadamente 20.000,00 dólares, a receita total do Silk Road seria cerca de bilhões de dólares, em alguns anos. Contudo, Silk Road e outros mercados semelhantes desempenharam um grande papel, ao fazerem o Bitcoin chegar ao ponto que é hoje.

Observe que, quando o Silk Road foi criado, o Bitcoin valia menos de um dólar. Mas, como a Dark Web exigia uma criptomoeda descentralizada, o Biitcoin foi a escolha perfeita.

Bitcoin & Ross William Ulbricht

Sinceramente, o Bitcoin não teria chegado ao seu estado atual, sem um pouco dessas vendas ilegais. Ross William Ulbricht, o cara que criou a Darknet, fo encontrado e preso em 2013. Por isso, o site foi, finalmente, retirado do ar.

Ross recebeu sentenças de prisão perpétua, além de 40 anos, sem chances de liberdade condicional.

Francamente, acho isso injusto. Embora existam várias atividades ilícitas na Dark Web, não são tão massivas, o quanto algumas pessoas fazem parecer. Existem serviços maiores que também foram fechados pelo FBI ou por um governo local.

De qualquer forma, onde sempre houver demanda, inevitavelmente, aparecerá ofertas. Quando um é fechado, um outro é aberto para preencher o espaço.

Por exemplo, depois que o Silk Road fechou, o Silk Road 2.0 foi inaugurado, embora tenha sido removido menos de um anos depois. Pouco tempo depois, Silk Road 3.0 foi lançado. É engraçado, mas isso continua a se repetir de ano a ano.

Existem muitos administradores e criadores desses sites que foram condenados por crimes semelhantes aos do Ross Ulbricht. Surpreendentemente, em vez de receberem prisão perpétua, suas sentenças foram muito mais curtas.

Por exemplo, o maior vendedor do Silk Road foi condenado à, apenas, 10 anos de prisão. A pessoa que criou o Silk Road 2.0 foi condenada a pouco mais de 5 anos de prisão, por criar, exatamente, a mesma coisa que levou Ross Ulbricht à prisão perpétua. Quase todos, que têm alguma conexão com qualquer um desses sites, foram condenados a um máximo de dez anos de prisão.

Como a Dark Web te Afeta

A Dark Web te afeta, mesmo que você não a tenha visitado, ou mesmo que você não sabia que ela existia. Violações de dados e vazamentos são comuns nos dias de hoje. Se você tem algum alguns dados armazenados no banco de dados de uma empresa, e eles forem invadidos, há grandes chances de serem vendidos em algum lugar da Dark Web, onde qualquer pessoa que tenha acesso a essa parte da Web possa comprá-los.

Se você estiver na Dark Web e não souber o que comprar com seu dinheiro, escute-me. Números de Seguro Social (Social Security Numbers - SSN) podem ser vendidos por apenas 0.99 dólares. Como você deve saber, Números de Seguro Social são números dados a cada cidadão dos EUA, mas podem ser usados para falsificar a identidade de outra pessoa.

Botnets

Botnets também são muito baratas. Por menos de 5 dólares por hora, você pode usar DDoS (um acrônimo para ataque de negação de serviço, ou "Distributed Denial"), que é um serviço de ataque, essencialmente, deixando qualquer site ou serviço virtual off-line, por algum tempo. As Botnets são, frequentemente, usadas para pertubar empresas, podendo afetar pessoas como alvos. Você já jogou videogame on-line antes? Então, isso provavelmente foi feito para você.

Violação de Dados

Por apenas 50 dólares, você pode, facilmente, comprar qualquer registro médico de alguém. Você também pode comprar cartões de crédito. Basta comprar um, acumular a conta e nunca mais pagar. Muitos dos dados na Dark Web nem sequer estão à venda. Eles estão por aí de graça.

É fácil encontrar websites que vazem informações de celebridades, políticos, e até mesmo de pessoas comuns, como eu e você; e há pouco ou nada que possamos fazer sobre isso. Hoje em dia, ficou ainda pior, porque há outras coisas estranhas e mais sombrias que vem a seguir sobre a Dark Web.

Matador de Aluguel

Há vários serviços de assassinato, os quais afirmam que podem matar qualquer um na Terra, por apenas 5.000,00 dólares.

Embora a maioria destes sejam revelados como fraudes, certamente, nem todos eles são. Mesmo se você descartá-los como meros golpes, existe o fato de que há pessoas que confiam em indivíduos aleatórios para executar assassinatos reais, o que continua sendo um preocupante assunto, no mínimo.

Tráfico de Órgãos Humanos & Pornografia Infantil

A Dark Web também tem vários serviços para venda real de órgãos humanos. Talvez, nós não saibamos como eles adquirem, mas, com certeza, se você precisar de um, eles estarão à venda na Dark Web.

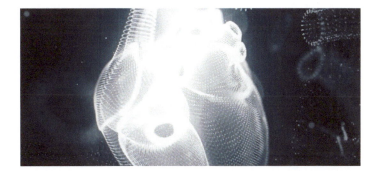

Infelizmente, a pornografia infantil é uma parte maior desse esquema que quero tratar.

Sites como Lolita City e Playpen já foram desativados, mas durante os picos de operação, tinham mais de 201.000 usuários.

Lolita City / Playpen

Ainda, existem formas semelhantes desses locais existirem, tendo várias maneiras de sequestrar jovens e crianças de diferentes cidades do mundo.

Na Dark Web, há várias discussões sobre como esconder essas crianças, tipo de criança que desejam ou possuem, além de discussões mais profundas sobre o que fariam com elas, se não houvesse alguém perto.

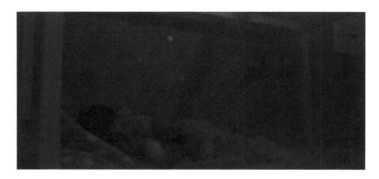

Este é apenas um pequeno olhar sobre esse canto escuro e profundo da Internet.

Como não há regras, aqui, qualquer coisa pode existir. Quanto mais profundo você for pela horrível Dark Web, mais coisas assustadoras descobrirá, e você, frequentemente, ficará muito surpreso ao descobrir a reputação desse canal.

O Desafio do Crime Cibernético

Na Dark Web, a segurança é crucial, porque é usada para criar confiança no uso das tecnologias, a fim de estabelecer proteção nessa interação informativa. Se não houver segurança no ciberespaço, a confiança na sociedade da informação será prejudicada. É por isso que há tantas intrusões em todo o mundo, que resultam em roubos de ativos de dinheiro, informações militares sigilosas, econômicas e comerciais.

Com informações ultrapassando fronteiras de vários sistemas jurídicos conectados a diferentes redes ao redor do mundo, temos uma necessidade crescente em proteger informações pessoais, ativos, fundos, bem como a segurança nacional. Por essa razão, tanto o setor público, quanto o privado, estão a ganhar interesse pela Cibersegurança.

Com as aplicações emergentes de informática e TI, o crime cibernético é, agora, um grande desafio em todo o mundo. Muitos cibercriminosos, todos os dias, tentam atacar sistemas de computadores para acessá-los, ilegalmente.

Milhares de novos spams e vírus de computadores são lançados, todos os meses, sendo usados para danificar muitos sistemas, e substrair ou destruir seus dados. Essas ameaças são caras, tanto em termos de qualidade, quanto em quantidade.

Recentemente, especialistas em sistemas têm se preocupado mais quanto à proteção de computadores e sistemas de comunicação, devido ao crescente ataque cibernético. Nós também vimos tentativas deliberadas, por parte de pessoas não autorizadas, de acessar sistemas de computador, cuja intenção é roubar dados cruciais, fazer transferências financeiras, danificar, manipular dados ou executar quaisquer outras ações ilegais.

À medida que a segurança do computador avançou, manter a persistência da rede se tornou mais difícil. De acordo com o relatório do Centro Australiano de Segurança Cibernética (Australian Cyber Security Centre - ACSC), a cultura se adaptou a esse ambiente, concentrando-se em metas de baixo risco e alta recompensa, para alcançar seus objetivos, com foco no desenvolvimento de metodologias de engenharia social, a fim de implementar novos ataques.

Isso é a natureza onipresente da Internet, que possibilitou que esses indivíduos nefastos ganhassem perfis, cada vez mais detalhados de indivíduos, por meio da exploração e análise de seus rastros digitais. Isso resultou em taxas mais altas de ataques de "spear-phishing" ou ataques cibernéticos altamente personalizados, roubo de identidade e fraude, e no desenvolvimento de ferramentas de malware altamente especializadas.

Há vários riscos e armadilhas em incidentes de segurança cibernética, que podem, seriamente, afetar sistemas de computadores e redes. Pode ser devido à controles impróprios de segurança cibernética, desastres naturais, ou provocados pelo homem ou usuários mal-intencionados.

Você Consegue Identificar os Usuários da Dark Web?

Muitas pessoas, que foram detidas e presas por atividades ilegais, que realizaram pela Dark Web, nem sequer parecem, fisicamente, ameaçadoras. Quando você vê algum deles, não tem como saber, porque eles não se parecem alguém que possa administrar um império de drogas on-line, ou contratar um assassino de aluguel por alguns Bitcoins, sem nunca colocar-se em perigo, porque eles não tem que se expor.

Eles parecem pessoas comuns, que você poderia ver andando pela rua, diariamente, ou numa fila atrás de você, em um supermercado. Por causa de eles parecerem pessoas comuns, você nem sequer suspeitaria de ou conheceria seus crimes, ao vê-los.

Fatos & Números da Dark Web

A Dark Web é o maior submundo criminoso, onde tantas das piores pessoas da nossa sociedade se escondem.

Acredite ou não, isso não está longe de ser verdade. Existem afirmações de que, cerca de 3.000 a 12.000 desses sites estranhos, sejam ocultos na Dark Web, e um pouco mais da metade sendo considerados conteúdos ilícitos.

Types of Data Being Bought and Sold

Type of Data Breached Among Notified Victims, 2015-2016

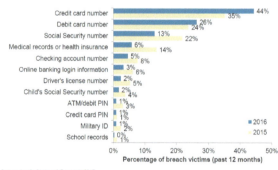

	2016	2015
Credit card number	44%	35%
Debit card number	26%	24%
Social Security number	13%	22%
Medical records or health insurance	6%	14%
Checking account number	5%	8%
Online banking login information	3%	6%
Driver's license number	2%	5%
Child's Social Security number	2%	4%
ATM/debit PIN	1%	3%
Credit card PIN	1%	1%
Military ID	1%	2%
School records	0%	1%

Percentage of breach victims (past 12 months)

Source: Javelin Strategy & Research, 2017

Bem, você pode não considerar esses números como fatos, porque pelo design, serviços específicos devem ser ocultados. Desses 3.000 a 12.000 sites, um pouco menos de 6% das pessoas que usam Tor, realmente, usam esses serviços ocultos. Das bilhões de pessoas que usam a Internet, cerca de 105.000 usam a Dark Web. Dos bilhões de sites que existem, alguns milhares deles são considerados ilícitos.

Isso, certamente, é apenas uma gota de água no oceano, mas você deveria se surpreender de que é porque nem todas as pessoas no mundo são, realmente, tão ingênuas, como possa parecer. Bem, essa é a aposta que você fez. Esse é o preço que você paga por isso.

Embora existam partes obscuras da Web, há outras partes que existem apenas para ajudar o resto do mundo. Há, também, muitos países ao redor do mundo, que detectam conteúdo da Internet, que possam ser obscenos, sendo os poderes superiores, como os governos.

Efeitos Positivos da Dark Web

Primeiramente, porque a Dark Web nos proporciona um porto seguro, sem qualquer tipo de censura, revela a verdade em diversas situações que as pessoas nunca teriam visto. Ela proporciona oportunidades às pessoas, e a conveniência de, realmente, falar ou relatar sobre coisas que são importantes, sem medo de qualquer tipo de censura, ou até mesmo ameaças físicas.

Além disso, existem muitas grandes redes de notícias, que abrem e operam serviços na Dark Web, para pessoas comuns se apresentarem e compartilharem informações, sem medo de prisão ou qualquer tipo de ridicularização pública.

Francamente falando, todos nós colocamos nossas vidas inteiras na Internet, neste momento.

Há cerca de 15 anos atrás, isso parecia, sinceramente, um absurdo, mas, agora, parece bastante normal. De alguma forma, estamos, gradualmente, desistindo da privacidade na Internet, mas a Dark Web providencia isso, de certa forma. Se você concorda comigo, isso nos dá uma maneira fácil de recuperar nosso anonimato e privacidade de volta. De qualquer modo, cabe a nós usá-la de forma positiva ou negativa.

Outro efeito positivo que descobri é que as drogas vendidas pela Dark Web, embora a maioria delas seja ilegais, podem ter alguns usos positivos. Por exemplo, se elas não forem vendidas onde você mora, podem ser compradas pela Dark Web.

Embora os governos do FBI e muitas outras pessoas, ainda, acreditem que o Silk Road teve efeitos, imensamente, negativos sobre nós, Russell William Ulbricht pensava ao contrário. Ele disse que estava prestando um serviço ao mundo.

Para reduzir a violência, resultada pelo comércio de drogas ilegais, Russell possibilitou uma experiência mais genuína.

De acordo com Russell, Silk Road trouxe oportunidades para as massas, protegendo-as, sem colocá-las em risco. No entanto, apesar de sua aparente natureza não prejudicial e pacífica, Russell Ulbricht foi uma das pessoas que usou aqueles serviços de assassinatos pela Dark Web, na tentativa de matar 6 pessoas diferentes.

A Dark Web é um Terrível ou Bom Lugar?

Pessoalmente, eu acredito que tudo isso depende de como você vê e interpreta. A Dark Web não precisa ser um lugar terrível. Ela pode ser um bom lugar para você, se não for procurar coisas que não deveria ou não queira ver. Você não pode, necessariamente, livrar-se dessas coisas, mas pode evitá-las. Há certas coisas que uma pessoa comum ou normal, simplesmente, não deveria ver.

Então, se você não quer ser uma vítima disso, por favor, fique longe da Dark Web.

10 Maneiras Diferentes para Manter sua Identidade na Internet Mais Segura no Cotidiano

Use as dicas a seguir, para manter sua identidade segura, de modo diário:

1. Torne difícil que outras pessoas tenham crédito em seu nome.
2. Coloque senhas fortes em todos os seus celulares e outros dispositivos.

40

3. Configure a autenticação de dois fatores em seu e-mail e contas financeiras.
4. Não faça transações on-line ou faça compras em um local público.
5. Instale proteção antimalware em seus dispositivos.
6. Atualize os sistemas operacionais e outros softwares dos seus dispositivos, regularmente.
7. Automatize suas atualizações de software.
8. Não forneça informações pessoais por mensagem de texto, e-mail ou telefone.
9. Tenha muito cuidado e atenção, quando clicar em links ou abrir anexos de e-mail.
10. Criptografe e faça backup de seus dados.

Você acreditando ou não que a Dark Web seja tão ruim, quanto as pessoas imaginam, ou se hoje é a primeira vez que você lê sobe ela, eu recomendo, fortemente, que você não se meta nela. Isso, porque, uma vez dentro, você não vai querer mais sair.

Link para todas as imagens deste livro.

Se estiver tendo problemas para visualizar alguma imagem deste livro, você pode baixar.

Aqui, estão os links de todas as imagens deste livro:

https://bit.ly/2RuEhlY (BIT.LY/2RUEHLY)

Tem alguma dúvida ou pedido? Contate-nos pelo endereço de e-mail abaixo:

Bolakale Aremu
AB Publisher LLC
ABPUBLISHERLLC@GMAIL.COM